Para:

De:

La misión de Editorial Vida es ser la compañía líder en comunicación cristiana que satisfaga las necesidades de las personas, con recursos cuyo contenido glorifique a Jesucristo y promueva principios bíblicos.

Promesas para una mujer de gran valor
Edición en español publicada por
Editorial Vida – 2010
Miami, Florida

Originally published in the USA under the title:
Becoming a Woman of Worth - Promise Book

Compilado por Mairi Ann Bonnet
Traducción, edición y diseño interior: *Grupo del Sur*
Adaptación de cubierta: *Pablo Snyder*

ISBN: 978-0-8297-5051-5

CATEGORÍA: Vida cristiana / Inspiración

IMPRESO EN CHINA
PRINTED IN CHINA

11 12 13 ❖ 6 5 4

Promesas

PARA UNA MUJER DE GRAN VALOR

Palabras sabias
para ayudarte a ser
la mujer que Dios quiere
que seas

CONTENIDO

ADORACIÓN

Así que nosotros, que estamos recibiendo un reino inconmovible, seamos agradecidos. Inspirados por esta gratitud, adoremos a Dios como a él le agrada, con temor reverente.

Hebreos 12:28

No adoren a otros dioses, sino sólo al Señor su Dios. Y él los librará del poder de sus enemigos.

2 Reyes 17:38-39

¡Cuán bueno, Señor, es darte gracias y entonar, oh Altísimo, salmos a tu nombre; proclamar tu gran amor por la mañana, y tu fidelidad por la noche!

Salmo 92:1-2

Adoren al Señor con regocijo. Preséntense ante él con cánticos de júbilo.

Salmo 100:2

¡Grande es el Señor y digno de alabanza, más temible que todos los dioses!

Salmo 96:4

Alégrense siempre en el Señor. Insisto: ¡Alégrense! Que su amabilidad sea evidente a todos. El Señor está cerca. No se inquieten por nada; más bien, en toda ocasión, con oración y ruego, presenten sus peticiones a Dios y denle gracias. Y la paz de Dios, que sobrepasa todo entendimiento, cuidará sus corazones y sus pensamientos en Cristo Jesús.

Filipenses 4:4-7

Nuestra adoración no conmoverá
ni impresionará a Dios si antes
nuestros corazones no son conmovidos
e impresionados por él.

Kelly Sparks

AGRADECIDA

De ti proceden la riqueza y el honor; tú lo gobiernas todo. En tus manos están la fuerza y el poder, y eres tú quien engrandece y fortalece a todos. Por eso, Dios nuestro, te damos gracias, y a tu glorioso nombre tributamos alabanzas.

1 Crónicas 29:12-13

El SEÑOR es mi fuerza y mi escudo; mi corazón en él confía; de él recibo ayuda. Mi corazón salta de alegría, y con cánticos le daré gracias.

Salmo 28:7

¡Te daré gracias porque me respondiste, porque eres mi salvación!

Salmo 118:21

«Señor, Dios Todopoderoso, que eres y que eras,te damos gracias porque has asumido tu gran poder y has comenzado a reinar».

Apocalipsis 11: 17

Nosotros, en cambio, siempre debemos dar gracias a Dios por ustedes, hermanos amados por el Señor, porque desde el principio Dios los escogió para ser salvos, mediante la obra santificadora del Espíritu y la fe que tienen en la verdad.

2 Tesalonicenses 2:13

¡Pero gracias a Dios, que nos da la victoria por medio de nuestro Señor Jesucristo!

1 Corintios 15:57

La acción de gracias es elevar el corazón a Dios con alegría y reverencia para honrarlo y alabarlo por su bondad.

James R. Miller

ALEGRE

Pero que los justos se alegren y se regocijen; que estén felices y alegres delante de Dios.

Salmo 68:3

Dichoso el que teme al SEÑOR, el que halla gran deleite en sus mandamientos.

Salmo 112: 1

El corazón alegre se refleja en el rostro, el corazón dolido deprime el espíritu.

Proverbios 15:13

Siempre tengo presente al SEÑOR; con él a mi derecha, nada me hará caer. Por eso mi corazón se alegra, y se regocijan mis entrañas; todo mi ser se llena de confianza.

Salmo 16:8-9

Más vale tener poco, con temor del Señor, que muchas riquezas con grandes angustias.

Proverbios 15:16

El gozo del Señor es nuestra fortaleza.

Nehemías 8:10

Ahora que conozco a Cristo soy más feliz cuando estoy triste, que lo que solía ser cuando estaba feliz.

John C. Wheeler

ALERTA

Yo he puesto mi esperanza en el Señor; yo espero en el Dios de mi salvación. ¡Mi Dios me escuchará!

Miqueas 7:7

[Ella] está atenta a la marcha de su hogar [...] La mujer que teme al Señor es digna de alabanza. ¡Sean reconocidos sus logros, y públicamente alabadas sus obras!

Proverbios 31:27, 30-31

Practiquen el dominio propio y manténganse alerta. Su enemigo el diablo ronda como león rugiente, buscando a quién devorar.

1 Pedro 5:8

El Señor cuida a todos los que lo aman.

Salmo 145:20

Yo te instruiré, yo te mostraré el camino que debes seguir; yo te daré consejos y velaré por ti.

Salmo 32:8

Las personas ven a Dios todos los días, pero no lo reconocen.

Pearl Bailey

AMABLE

Vivan en armonía los unos con los otros; compartan penas y alegrías, practiquen el amor fraternal, sean compasivos y humildes. No devuelvan mal por mal ni insulto por insulto; más bien, bendigan.

1 Pedro 3:8-9

El mejor saludo se juzga una impertinencia cuando se da a gritos y de madrugada.

Proverbios 27:14

Panal de miel son las palabras amables: endulzan la vida y dan salud al cuerpo.

Proverbios 16:24

«De la abundancia del corazón habla la boca. El que es bueno, de la bondad que atesora en el corazón saca el bien, pero el que es malo, de su maldad saca el mal. Porque por tus palabras se te absolverá, y por tus palabras se te condenará».

Mateo 12:34-35, 37

Cada uno se llena con lo que dice y se sacia con lo que habla.

Proverbios 18:20

El SEÑOR omnipotente me ha concedido tener una lengua instruida, para sostener con mi palabra al fatigado.

Isaías 50:4

El charlatán hiere con la lengua como con una espada, pero la lengua del sabio brinda alivio.

Proverbios 12:18

Ser amable es olvidar los errores de los demás, en lugar de reprochárselos.

Anónimo

AMOROSA

«Amen a sus enemigos, háganles bien y denles prestado sin esperar nada a cambio. Así tendrán una gran recompensa y serán hijos del Altísimo, porque él es bondadoso con los ingratos y malvados. Sean compasivos, así como su Padre es compasivo».

Lucas 6:35-36

El que ama a su hermano permanece en la luz, y no hay nada en su vida que lo haga tropezar.

1 Juan 2:10

Que el Señor los haga crecer para que se amen más y más unos a otros, y a todos, tal como nosotros los amamos a ustedes.

1 Tesalonicenses 3:12

Esfuércense por añadir a su fe [...] afecto fraternal; y al afecto fraternal, amor. Porque estas cualidades, si abundan en ustedes, les harán crecer en el conocimiento de nuestro Señor Jesucristo, y evitarán que sean inútiles e improductivos.

2 Pedro 1:5, 7-8

Si nos amamos los unos a los otros, Dios permanece entre nosotros, y entre nosotros su amor se ha manifestado plenamente.

1 Juan 4:12

Dios es la fuente del amor; Cristo es la prueba del amor; el servicio es la expresión del amor, el valor es el resultado del amor.

Henrietta C. Meras

ANDAR POR LAS SENDAS DE DIOS

Sigan por el camino que el SEÑOR su Dios les ha trazado, para que vivan, prosperen y disfruten de larga vida en la tierra que van a poseer.

Deuteronomio 5:33

El SEÑOR te establecerá como su pueblo santo, conforme a su juramento, si cumples sus mandamientos y andas en sus caminos.

Deuteronomio 28:9

«Si andas por mis sendas y obedeces mis decretos y mandamientos, como lo hizo tu padre David, te daré una larga vida».

1 Reyes 3:14

Los que van por el camino recto mueren en paz; hallan reposo en su lecho de muerte.

Isaías 57:2

Si vivimos en la luz, así como él está en la luz, tenemos comunión unos con otros, y la sangre de su Hijo Jesucristo nos limpia de todo pecado.

1 Juan 1:7

«Deténganse en los caminos y miren; pregunten por los senderos antiguos. Pregunten por el buen camino, y no se aparten de él. Así hallarán el descanso anhelado».

Jeremías 6:16

La fuerza y felicidad de un individuo consisten en encontrar la senda por la que Dios está yendo, y seguirla.

Henry Ward Beecher

ARRAIGADA

«Bendito el hombre que confía en el SEÑOR, y pone su confianza en él. Será como un árbol plantado junto al agua, que extiende sus raíces hacia la corriente; no teme que llegue el calor, y sus hojas están siempre verdes. En época de sequía no se angustia, y nunca deja de dar fruto».

Jeremías 17:7-8

Fijemos la mirada en Jesús, el iniciador y perfeccionador de nuestra fe, quien por el gozo que le esperaba, soportó la cruz, menospreciando la vergüenza que ella significaba, y ahora está sentado a la derecha del trono de Dios.

Hebreos 12:2

Por eso, de la manera que recibieron a Cristo Jesús como Señor, vivan ahora en él, arraigados y edificados en él, confirmados en la fe como se les enseñó, y llenos de gratitud.

Colosenses 2:6-7

Según la gracia que Dios me ha dado, yo, como maestro constructor, eché los cimientos, y otro construye sobre ellos. Pero cada uno tenga cuidado de cómo construye, porque nadie puede poner un fundamento diferente del que ya está puesto, que es Jesucristo.

1 Corintios 3:10-11

La fe es la mirada del alma puesta en un Dios salvador, el constante contemplar del corazón al trino Dios.

A. W. Tozer

ARREPENTIDA

Porque así dice el SEÑOR omnipotente, el Santo de Israel: «En el arrepentimiento y la calma está su salvación, en la serenidad y la confianza está su fuerza».

Isaías 30:15

El Señor no tarda en cumplir su promesa, según entienden algunos la tardanza. Más bien, él tiene paciencia con ustedes, porque no quiere que nadie perezca sino que todos se arrepientan.

2 Pedro 3:9

La tristeza que proviene de Dios produce el arrepentimiento que lleva a la salvación, de la cual no hay que arrepentirse.

2 Corintios 7:10

«Si te arrepientes, yo te restauraré y podrás servirme».

Jeremías 15:19

Si confesamos nuestros pecados, Dios, que es fiel y justo, nos los perdonará y nos limpiará de toda maldad.

1 Juan 1:9

«Les digo que así mismo se alegra Dios con sus ángeles por un pecador que se arrepiente».

Lucas 15:10

Para que sean borrados sus pecados, arrepiéntanse y vuélvanse a Dios, a fin de que vengan tiempos de descanso de parte del Señor.

Hechos 3:19

La mejor definición de arrepentimiento quizás fue dada por una niña pequeña cuando dijo: «Es estar lo suficientemente apenada como para renunciar».

C. H. Kilmer

AYUDA ADECUADA

Luego Dios el SEÑOR dijo: «No es bueno que el hombre esté solo. Voy a hacerle una ayuda adecuada.» De la costilla que le había quitado al hombre, Dios el SEÑOR hizo una mujer y se la presentó al hombre.

Génesis 2:18, 22

Tengan todos en alta estima el matrimonio y la fidelidad conyugal, porque Dios juzgará a los adúlteros y a todos los que cometen inmoralidades sexuales.

Hebreos 13:4

—¿No han leído —replicó Jesús— que en el principio el Creador "los hizo hombre y mujer" , y dijo: "Por eso dejará el hombre a su padre y a su madre, y se unirá a su esposa, y los dos llegarán a ser un solo cuerpo" ? Así que ya no son dos, sino uno solo. Por tanto, lo que Dios ha unido, que no lo separe el hombre.

Mateo 19:4-6

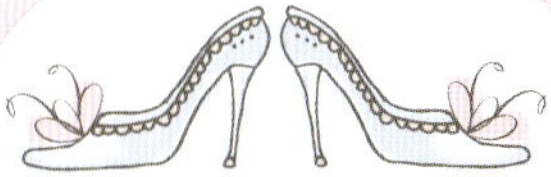

Goza de la vida con la mujer amada cada día de la fugaz existencia que Dios te ha dado en este mundo.

Eclesiastés 9:9

Mujer ejemplar, ¿dónde se hallará? ¡Es más valiosa que las piedras preciosas! Su esposo confía plenamente en ella y no necesita de ganancias mal habidas. Ella le es fuente de bien, no de mal, todos los días de su vida.

Proverbios 31:10-12

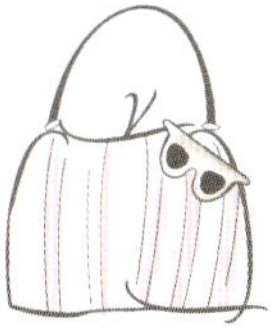

Sé la compañera que Dios ha dispuesto que seas.

Anthony T. Evans

CALOR DE HOGAR

La maldición del Señor cae sobre la casa del malvado; su bendición, sobre el hogar de los justos.

Proverbios 3:33

Dichosos todos los que temen al Señor, los que van por sus caminos. En el seno de tu hogar, tu esposa será como vid llena de uvas; alrededor de tu mesa, tus hijos serán como vástagos de olivo.

Salmo 128:1, 3

Los hijos son una herencia del Señor, los frutos del vientre son una recompensa.

Salmo 127:3

Traigo a la memoria tu fe sincera, la cual animó primero a tu abuela Loida y a tu madre Eunice, y ahora te anima a ti. De eso estoy convencido.

2 Timoteo 1:5

Se levanta de madrugada, da de comer a su familia [...] Si nieva, no tiene que preocuparse de su familia, pues todos están bien abrigados.

Proverbios 31:15, 21

Está atenta a la marcha de su hogar, y el pan que come no es fruto del ocio.

Proverbios 31:27

La verdadera naturaleza del hogar es esta: es un lugar de paz; un refugio, no sólo del daño, sino de todo terror, duda y división.

John Ruskin

COMPASIVA

Sean bondadosos y compasivos unos con otros, y perdónense mutuamente, así como Dios los perdonó a ustedes en Cristo.

Efesios 4:32

En cambio, el fruto del Espíritu es amor, alegría, paz, paciencia, amabilidad, bondad, fidelidad, humildad y dominio propio. No hay ley que condene estas cosas.

Gálatas 5:22-23

El que es bondadoso se beneficia a sí mismo; el que es cruel, a sí mismo se perjudica.

Proverbios 11:17

No hagan nada por egoísmo o vanidad; más bien, con humildad consideren a los demás como superiores a ustedes mismos.

Filipenses 2:3

Sean compasivos, así como su Padre es compasivo.

Lucas 6:36

Si puedo poner un toque de dorado atardecer
en la vida de cualquier hombre o mujer,
sentiré que he trabajado
conjuntamente con Dios.

John MacDonald

CONFESAR

Si confesamos nuestros pecados, Dios, que es fiel y justo, nos los perdonará y nos limpiará de toda maldad.

1 Juan 1:9

Quien encubre su pecado jamás prospera; quien lo confiesa y lo deja, halla perdón.

Proverbios 28:13

Vengan, pongamos las cosas en claro —dice el Señor—. ¿Son sus pecados como escarlata? ¡Quedarán blancos como la nieve! ¿Son rojos como la púrpura? ¡Quedarán como la lana!

Isaías 1:18

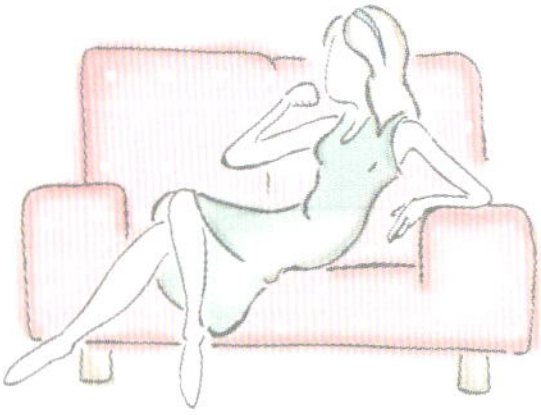

Al ver Jesús la fe de ellos, le dijo al paralítico: —¡Ánimo, hijo; tus pecados quedan perdonados!

Mateo 9:2

Dichoso aquel a quien el Señor no toma en cuenta su maldad y en cuyo espíritu no hay engaño.

Salmo 32:2

Debemos presentar ante Dios lo que hay en nosotros, no lo que debería haber.

C. S. Lewis

CONFIANZA

Confía en el Señor de todo corazón, y no en tu propia inteligencia. Reconócelo en todos tus caminos, y él allanará tus sendas.

Proverbios 3:5-6

Que el Dios de la esperanza los llene de toda alegría y paz a ustedes que creen en él, para que rebosen de esperanza por el poder del Espíritu Santo.

Romanos 15:13

Bendito el hombre que confía en el Señor, y pone su confianza en él.

Jeremías 17:7

¡Dios es mi salvación! Confiaré en él y no temeré. El Señor es mi fuerza, el Señor es mi canción; ¡él es mi salvación!

Isaías 12:2

El que atiende a la palabra, prospera. ¡Dichoso el que confía en el SEÑOR!

Proverbios 16:20

Confía siempre en él, pueblo mío; ábrele tu corazón cuando estés ante él. ¡Dios es nuestro refugio!

Salmo 62:8

Confía en Dios para grandes cosas;
con tus cinco panes y dos peces,
te mostrará el modo de alimentar a miles.

Horace Bushnell

CONFIAR EN EL SEÑOR

Esperamos confiados en el SEÑOR; él es nuestro socorro y nuestro escudo.

Salmo 33:20

Los que confían en el SEÑOR renovarán sus fuerzas; volarán como las águilas: correrán y no se fatigarán, caminarán y no se cansarán.

Isaías 40:31

Yo, SEÑOR, espero en ti; tú, SEÑOR y Dios mío, serás quien responda.

Salmo 38:15

Hemos llegado a tener parte con Cristo, con tal que retengamos firme hasta el fin la confianza que tuvimos al principio.

Hebreos 3:14

Pero tú, espera en el SEÑOR, y vive según su voluntad, que él te exaltará para que heredes la tierra.

Salmo 37:34

Nadie ha escuchado ni percibido, ni ojo alguno ha visto, a un Dios que, como tú, actúe en favor de quienes en él confían.

Isaías 64:4

Manténganse en el amor de Dios, edificándose sobre la base de su santísima fe y orando en el Espíritu Santo, mientras esperan que nuestro Señor Jesucristo, en su misericordia, les conceda vida eterna.

Judas 21

Deja que Dios tome la iniciativa. Si esperas, ¡él actuará! Deja tus intentos; comienza a confiar y adóralo por lo que hará.

Robert D. Foster

CORAZÓN LIMPIO

Por lo tanto, si alguno está en Cristo, es una nueva creación. ¡Lo viejo ha pasado, ha llegado ya lo nuevo!

2 Corintios 5:17

Vengan, pongamos las cosas en claro —dice el Señor—. ¿Son sus pecados como escarlata? ¡Quedarán blancos como la nieve! ¿Son rojos como la púrpura? ¡Quedarán como la lana!

Isaías 1:18

Aunque el ejercicio físico trae algún provecho, la piedad es útil para todo, ya que incluye una promesa no sólo para la vida presente sino también para la venidera.

1 Timoteo 4:8

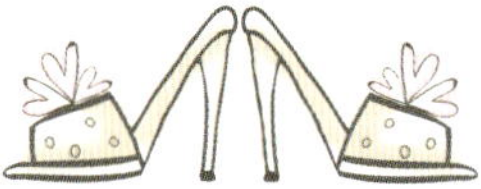

Acerquémonos, pues, a Dios con corazón sincero y con la plena seguridad que da la fe, interiormente purificados de una conciencia culpable y exteriormente lavados con agua pura.

Hebreos 10:22

Crea en mí, oh Dios, un corazón limpio, y renueva la firmeza de mi espíritu.

Salmo 51:10

[Él] restaura a los abatidos y cubre con vendas sus heridas.

Salmo 147:3

Cristo es el Dios sobre todo, quien acordó lavar los pecados de la humanidad, volviendo nuevo al viejo hombre.

Hippolytus

DADIVOSA

Cada uno ponga al servicio de los demás el don que haya recibido, administrando fielmente la gracia de Dios en sus diversas formas.

1 Pedro 4:10

Servir al pobre es hacerle un préstamo al SEÑOR; Dios pagará esas buenas acciones.

Proverbios 19:17

Bien le va al que presta con generosidad, y maneja sus negocios con justicia. El justo será siempre recordado.

Salmo 112:5-6

Ustedes serán enriquecidos en todo sentido para que en toda ocasión puedan ser generosos, y para que por medio de nosotros la generosidad de ustedes resulte en acciones de gracias a Dios.

2 Corintios 9:11

Mándales que hagan el bien, que sean ricos en buenas obras, y generosos, dispuestos a compartir lo que tienen. De este modo atesorarán para sí un seguro caudal para el futuro y obtendrán la vida verdadera.

1 Timoteo 6:18-19

El mundo dice,
mientras más tomas, más tienes.
Cristo dice, mientras más das, más eres.

Frederick Buechner

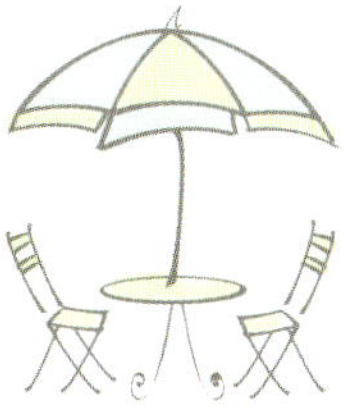

DESCENDENCIA

Tomó a un niño y lo puso en medio de ellos. Abrazándolo, les dijo:

—El que recibe en mi nombre a uno de estos niños, me recibe a mí; y el que me recibe a mí, no me recibe a mí sino al que me envió.

Marcos 9:36-37

Instruye al niño en el camino correcto, y aun en su vejez no lo abandonará.

Proverbios 22:6

Mujer ejemplar, ¿dónde se hallará? ¡Es más valiosa que las piedras preciosas! [...] Sus hijos se levantan y la felicitan; también su esposo la alaba.

Proverbios 31:10, 28

La corona del anciano son sus nietos; el orgullo de los hijos son sus padres.

Proverbios 17:6

He sido joven y ahora soy viejo, pero nunca he visto justos en la miseria, ni que sus hijos mendiguen pan. Prestan siempre con generosidad; sus hijos son una bendición.

Salmo 37:25-26

El Señor mismo instruirá a todos tus hijos, y grande será su bienestar.

Isaías 54:13

Si quieres que tu hijo camine por la senda de justicia, no solo debes señalársela, sino ir delante de él.

J. A. Rosenkranz

DIFÍCIL DE HALLAR

Una sola es mi palomita preciosa, la hija consentida de su madre, la favorita de quien le dio la vida. Las mujeres la ven y la bendicen; las reinas y las concubinas la alaban.

Cantares 6:9

A cambio de ti entregaré hombres; ¡a cambio de tu vida entregaré pueblos! Porque te amo y eres ante mis ojos precioso y digno de honra.

Isaías 43:4

«Si ahora ustedes me son del todo obedientes, y cumplen mi pacto, serán mi propiedad exclusiva entre todas las naciones. Aunque toda la tierra me pertenece, ustedes serán para mí un reino de sacerdotes y una nación santa».

Éxodo 19:5-6

Eres pueblo consagrado al Señor tu Dios. Él te eligió de entre todos los pueblos de la tierra, para que fueras su posesión exclusiva.

Deuteronomio 14:2

«¡Yo no te olvidaré! Grabada te llevo en las palmas de mis manos».

Isaías 49:15-16

Dios ama a cada hombre
como si fuera el único.

San Agustín

DIGNA

El Espíritu mismo le asegura a nuestro espíritu que somos hijos de Dios. Y si somos hijos, somos herederos; herederos de Dios y coherederos con Cristo.

Romanos 8:16-17

¡Fíjense qué gran amor nos ha dado el Padre, que se nos llame hijos de Dios!

1 Juan 3:1

«Antes de formarte en el vientre, ya te había elegido; antes de que nacieras, ya te había apartado».

Jeremías 1:5

¡Te alabo porque soy una creación admirable! ¡Tus obras son maravillosas, y esto lo sé muy bien!

Salmo 139:14

Porque yo sé muy bien los planes que tengo para ustedes —afirma el SEÑOR—, planes de bienestar y no de calamidad, a fin de darles un futuro y una esperanza.

Jeremías 29:11

Pero ustedes son linaje escogido, real sacerdocio, nación santa, pueblo que pertenece a Dios, para que proclamen las obras maravillosas de aquel que los llamó de las tinieblas a su luz admirable.

1 Pedro 2:9

Así, todos nosotros, que con el rostro descubierto reflejamos como en un espejo la gloria del Señor, somos transformados a su semejanza con más y más gloria.

2 Corintios 3:18

El amor de Dios es como el río Amazonas, que fluye descendiendo para regar una flor.

Anónimo

DISPUESTA PARA SERVIR

«El que quiera salvar su vida, la perderá; pero el que pierda su vida por mi causa, la encontrará».

Mateo 16:25

«A quien me sirva, mi Padre lo honrará».

Juan 12:26

Sirvan de buena gana, como quien sirve al Señor y no a los hombres, sabiendo que el Señor recompensará a cada uno por el bien que haya hecho.

Efesios 6:7-8

Hagan lo que hagan, trabajen de buena gana, como para el Señor y no como para nadie en este mundo, conscientes de que el Señor los recompensará con la herencia. Ustedes sirven a Cristo el Señor.

Colosenses 3:23-24

Los que ejercen bien el diaconado se ganan un lugar de honor y adquieren mayor confianza para hablar de su fe en Cristo Jesús.

1 Timoteo 3:13

«El que quiera hacerse grande entre ustedes deberá ser su servidor, y el que quiera ser el primero deberá ser esclavo de los demás; así como el Hijo del hombre no vino para que le sirvan, sino para servir».

Mateo 20:26-28

La vida es un emprendimiento excitante, y lo es aún más cuando se vive por otros.

Helen Keller

ESPERANZADA

Que el Dios de la esperanza los llene de toda alegría y paz a ustedes que creen en él, para que rebosen de esperanza por el poder del Espíritu Santo.

Romanos 15:13

Mantengamos firme la esperanza que profesamos, porque fiel es el que hizo la promesa.

Hebreos 10:23

Porque yo sé muy bien los planes que tengo para ustedes —afirma el Señor—, planes de bienestar y no de calamidad, a fin de darles un futuro y una esperanza.

Jeremías 29:11

Y esta esperanza no nos defrauda, porque Dios ha derramado su amor en nuestro corazón por el Espíritu Santo que nos ha dado.

Romanos 5:5

Espero al SEÑOR, lo espero con toda el alma; en su palabra he puesto mi esperanza.

Salmo 130:5

La fe es la garantía de lo que se espera, la certeza de lo que no se ve.

Hebreos 11:1

Detrás de las nubes se esconde la luz de las estrellas, tras la tormenta se asoman los rayos del sol; porque el Dios que ama a toda su creación, ha dejado su esperanza para todos.

John Greenleaf Whittier

FEMINEIDAD

Engañoso es el encanto y pasajera la belleza; la mujer que teme al SEÑOR es digna de alabanza. ¡Sean reconocidos sus logros, y públicamente alabadas sus obras!

Proverbios 31:30-31

Se reviste de fuerza y dignidad, y afronta segura el porvenir. Cuando habla, lo hace con sabiduría; cuando instruye, lo hace con amor. Está atenta a la marcha de su hogar, y el pan que come no es fruto del ocio.

Proverbios 31:25-27

La mujer bondadosa se gana el respeto [...]

Proverbios 11:16

Y ahora, hija mía, no tengas miedo. Haré por ti todo lo que me pidas. Todo mi pueblo sabe que eres una mujer ejemplar.

Rut 3:11

Luego Dios el Señor dijo: «No es bueno que el hombre esté solo. Voy a hacerle una ayuda adecuada».

Génesis 2:18

Estamos en deuda con las mujeres, al igual que con Dios; primero, por la vida misma, y luego por hacer que la misma valga la pena.

Christian Boveé

HONESTA

Los labios sinceros permanecen para siempre, pero la lengua mentirosa dura sólo un instante.

Proverbios 12:19

Ten cuidado de tu conducta y de tu enseñanza. Persevera en todo ello, porque así te salvarás a ti mismo y a los que te escuchen.

1 Timoteo 4:16

¿Quién puede subir al monte del SEÑOR? ¿Quién puede estar en su lugar santo? Sólo el de manos limpias y corazón puro, el que no adora ídolos vanos ni jura por dioses falsos.

Salmo 24:3-4

Mantén la fe y una buena conciencia. Por no hacerle caso a su conciencia, algunos han naufragado en la fe.

1 Timoteo 1:19

Los labios sinceros permanecen para siempre, pero la lengua mentirosa dura sólo un instante.

Proverbios 12:19

La honestidad de pensamiento, habla y palabra escrita es una joya. Quienes ponen freno al prejuicio y buscan de modo honorable saber y hablar la verdad son los únicos que pueden construir una vida mejor.

John Galsworthy

HUMILDE

Porque el SEÑOR se complace en su pueblo; a los humildes concede el honor de la victoria.

Salmo 149:4

Humíllense delante del Señor, y él los exaltará.

Santiago 4:10

Humíllense, pues, bajo la poderosa mano de Dios, para que él los exalte a su debido tiempo. Depositen en él toda ansiedad, porque él cuida de ustedes.

1 Pedro 5:6-7

Porque el que a sí mismo se enaltece será humillado, y el que se humilla será enaltecido.

Mateo 23:12

Pero los desposeídos heredarán la tierra y disfrutarán de gran bienestar.

Salmo 37:11

Con el orgullo viene el oprobio; con la humildad, la sabiduría.

Proverbios 11:2

Lo que hace tan deseable a la humildad es la maravilla que produce en nosotros: crea la capacidad para la más cercana intimidad con Dios.

Monica Baldwin

INCONDICIONAL

Confía en el SEÑOR de todo corazón, y no en tu propia inteligencia. Reconócelo en todos tus caminos, y él allanará tus sendas.

Proverbios 3:5-6

Hagan lo que hagan, trabajen de buena gana, como para el Señor y no como para nadie en este mundo.

Colosenses 3:23

Pero si desde allí buscas al SEÑOR tu Dios con todo tu corazón y con toda tu alma, lo encontrarás.

Deuteronomio 4:29

Tomando en cuenta la misericordia de Dios, les ruego que cada uno de ustedes, en adoración espiritual, ofrezca su cuerpo como sacrificio vivo, santo y agradable a Dios.

Romanos 12:1

—¿A quién enviaré? ¿Quién irá por nosotros? Y respondí: —Aquí estoy. ¡Envíame a mí!

Isaías 6:8

Jesús se dio todo por mí.
¿Cómo podría darle menos?

Anónimo

JUSTA

Los justos claman, y el Señor los oye; los libra de todas sus angustias.

Salmo 34:17

La senda de los justos se asemeja a los primeros albores de la aurora: su esplendor va en aumento hasta que el día alcanza su plenitud.

Proverbios 4:18

Porque los ojos del Señor están sobre los justos, y sus oídos, atentos a sus oraciones.

1 Pedro 3:12

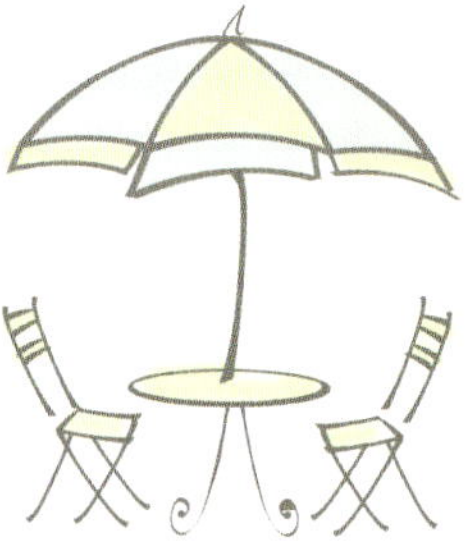

Cuando se manifestaron la bondad y el amor de Dios nuestro Salvador, él nos salvó, no por nuestras propias obras de justicia sino por su misericordia. Nos salvó mediante el lavamiento de la regeneración y de la renovación por el Espíritu Santo.

Tito 3:4-5

Me espera la corona de justicia que el Señor, el juez justo, me otorgará en aquel día; y no sólo a mí, sino también a todos los que con amor hayan esperado su venida.

2 Timoteo 4:8

«Los justos brillarán en el reino de su Padre como el sol».

Mateo 13:43

Dios nunca modifica la vestimenta de justicia para que le quepa al hombre, sino al hombre para que quepa en la vestimenta.

Anónimo

MAESTRA

Instruye al niño en el camino correcto, y aun en su vejez no lo abandonará.

Proverbios 22:6

«No se preocupen de cómo van a defenderse o de qué van a decir, porque en ese momento el Espíritu Santo les enseñará lo que deben responder».

Lucas 12:11-12

Hijo mío, escucha las correcciones de tu padre y no abandones las enseñanzas de tu madre. Adornarán tu cabeza como una diadema; adornarán tu cuello como un collar.

Proverbios 1:8-9

La vara de la disciplina imparte sabiduría, pero el hijo malcriado avergüenza a su madre.

Proverbios 29:15

Cuando habla, lo hace con sabiduría; cuando instruye, lo hace con amor.

Proverbios 31:26

«Lo hice para que puedas contarles a tus hijos y a tus nietos la dureza con que traté a los egipcios, y las señales que realicé entre ellos».

Éxodo 10:2

Enseñas un poco con lo que dices,
pero mucho más con lo que eres.

Henrietta C. Mears

MEDITABUNDA

Consideren bien todo lo verdadero, todo lo respetable, todo lo justo, todo lo puro, todo lo amable, todo lo digno de admiración, en fin, todo lo que sea excelente o merezca elogio.

Filipenses 4:8

Dichosos los de corazón limpio, porque ellos verán a Dios.

Mateo 5:8

Los elogio porque se acuerdan de mí en todo y retienen las enseñanzas, tal como se las transmití.

1 Corintios 11:2

No he dejado de dar gracias por ustedes al recordarlos en mis oraciones.

Efesios 1:16

Así que en todo traten ustedes a los demás tal y como quieren que ellos los traten a ustedes.

Mateo 7:12

Me alegro muchísimo en el Señor de que al fin hayan vuelto a interesarse en mí. Claro está que tenían interés, sólo que no habían tenido la oportunidad de demostrarlo. Sin embargo, han hecho bien en participar conmigo en mi angustia.

Filipenses 4:10, 14

Los pensamientos llevan a los propósitos; los propósitos continúan en acciones; las acciones forman hábitos; los hábitos definen el carácter; el carácter determina nuestro destino.

Tyron Edwards

MISERICORDIA

Amen a sus enemigos, háganles bien y denles prestado sin esperar nada a cambio. Así tendrán una gran recompensa y serán hijos del Altísimo.

Lucas 6:35

Ama al Señor tu Dios con todo tu corazón, con todo tu ser, con todas tus fuerzas y con toda tu mente , y: Ama a tu prójimo como a ti mismo.

Lucas 10:27

Si alguien que posee bienes materiales ve que su hermano está pasando necesidad, y no tiene compasión de él, ¿cómo se puede decir que el amor de Dios habita en él? Queridos hijos, no amemos de palabra ni de labios para afuera, sino con hechos y de verdad.

1 Juan 3:17-18

Supongamos que un hermano o una hermana no tienen con qué vestirse y carecen del alimento diario, y uno de ustedes les dice: «Que les vaya bien; abríguense y coman hasta saciarse», pero no les da lo necesario para el cuerpo. ¿De qué servirá eso? Así también la fe por sí sola, si no tiene obras, está muerta.

Santiago 2:15-17

«¿Cuándo te vimos como forastero y te dimos alojamiento, o necesitado de ropa y te vestimos?» [...] El Rey les responderá: «Les aseguro que todo lo que hicieron por uno de mis hermanos, aun por el más pequeño, lo hicieron por mí».

Mateo 25:38, 40

Todos somos lápices en las manos de un Dios escritor que envía cartas de amor al mundo.

Madre Teresa

OBEDIENCIA

Bendición, si obedecen los mandamientos que yo, el Señor su Dios, hoy les mando obedecer.

Deuteronomio 11:27

«Obedézcanme. Así yo seré su Dios, y ustedes serán mi pueblo. Condúzcanse conforme a todo lo que yo les ordene, a fin de que les vaya bien».

Jeremías 7:23

«Si ustedes me aman, obedecerán mis mandamientos [...] ¿Quién es el que me ama? El que hace suyos mis mandamientos y los obedece. Y al que me ama, mi Padre lo amará, y yo también lo amaré y me manifestaré a él».

Juan 14:15, 21

El amor de Dios se manifiesta plenamente en la vida del que obedece su palabra.

1 Juan 2:5

«Si andas por mis sendas y obedeces mis decretos y mandamientos, como lo hizo tu padre David, te daré una larga vida».

1 Reyes 3:14

Pongan en práctica lo que de mí han aprendido, recibido y oído, y lo que han visto en mí, y el Dios de paz estará con ustedes.

Filipenses 4:9

La obediencia es el medio por el cual demostramos la seriedad de nuestro deseo de hacer la voluntad de Dios.

Oswald Chambers

OBJETIVOS

Sigo adelante esperando alcanzar aquello para lo cual Cristo Jesús me alcanzó a mí [...] Sigo avanzando hacia la meta para ganar el premio que Dios ofrece mediante su llamamiento celestial en Cristo Jesús.

Filipenses 3:12, 14

Mi ardiente anhelo y esperanza es que en nada seré avergonzado, sino que con toda libertad, ya sea que yo viva o muera, ahora como siempre, Cristo será exaltado en mi cuerpo. Porque para mí el vivir es Cristo y el morir es ganancia.

Filipenses 1:20-21

Todo lo considero pérdida por razón del incomparable valor de conocer a Cristo Jesús, mi Señor. Por él lo he perdido todo, y lo tengo por estiércol, a fin de ganar a Cristo y encontrarme unido a él.

Filipenses 3:8-9

Te he dejado con vida precisamente para mostrarte mi poder, y para que mi nombre sea proclamado por toda la tierra.

Éxodo 9:16

Debieran decir: «Si el Señor quiere, viviremos y haremos esto o aquello».

Santiago 4:15

Dame siempre la gracia de desear
y añorar lo más aceptable ante ti,
y más agradable a tus ojos.

Thomas á Kempis

OBSERVADORA

Observa a los que son íntegros y rectos: hay porvenir para quien busca la paz.

Salmo 37:37

A ti, fortaleza mía, vuelvo los ojos, pues tú, oh Dios, eres mi protector. Tú eres el Dios que me ama, e irás delante de mí.

Salmo 59:9-10

Guardé en mi corazón lo observado, y de lo visto saqué una lección.

Proverbios 24:32

Dichosos los que me escuchan y a mis puertas están atentos cada día, esperando a la entrada de mi casa. En verdad, quien me encuentra, halla la vida y recibe el favor del Señor. Quien me rechaza, se perjudica a sí mismo.

Proverbios 8:34-36

Cuídense de no echar a perder el fruto de nuestro trabajo; procuren más bien recibir la recompensa completa.

2 Juan 8

Para adquirir conocimiento, debes estudiar: pero para adquirir sabiduría, debes observar.

Marilyn Vos Savant

OFRENDAS

Cada uno debe dar según lo que haya decidido en su corazón, no de mala gana ni por obligación, porque Dios ama al que da con alegría.

2 Corintios 9:7

Que se acuerde de todas tus ofrendas; que acepte tus holocaustos. Que te conceda lo que tu corazón desea; que haga que se cumplan todos tus planes.

Salmo 20:3-4

«Esta viuda pobre ha echado más que todos los demás. Todos ellos dieron sus ofrendas de lo que les sobraba; pero ella, de su pobreza, echó todo lo que tenía para su sustento».

Lucas 21:3-4

Traigan íntegro el diezmo para los fondos del templo, y así habrá alimento en mi casa. Pruébenme en esto —dice el SEÑOR Todopoderoso—, y vean si no abro las compuertas del cielo y derramo sobre ustedes bendición hasta que sobreabunde.

Malaquías 3:10

Ofrezcan su cuerpo como sacrificio vivo, santo y agradable a Dios. No se amolden al mundo actual, sino sean transformados mediante la renovación de su mente. Así podrán comprobar cuál es la voluntad de Dios, buena, agradable y perfecta.

Romanos 12:1-2

Puedes dar sin amar,
pero no puedes amar sin dar.

Amy Carmichael

OPTIMISTA

Una mirada radiante alegra el corazón, y las buenas noticias renuevan las fuerzas.

Proverbios 15:30

He aprendido a vivir en todas y cada una de las circunstancias, tanto a quedar saciado como a pasar hambre, a tener de sobra como a sufrir escasez. Todo lo puedo en Cristo que me fortalece.

Filipenses 4:12-13

Pero de una cosa estoy seguro: he de ver la bondad del SEÑOR en esta tierra de los vivientes. Pon tu esperanza en el SEÑOR; ten valor, cobra ánimo.

Salmo 27:13-14

Ésta es la confianza que tenemos al acercarnos a Dios: que si pedimos conforme a su voluntad, él nos oye.

1 Juan 5:14

¡Alabado sea Dios, Padre de nuestro Señor Jesucristo! Por su gran misericordia, nos ha hecho nacer de nuevo mediante la resurrección de Jesucristo, para que tengamos una esperanza viva y recibamos una herencia indestructible, incontaminada e inmarchitable. Tal herencia está reservada en el cielo para ustedes.

1 Pedro 1:3-4

Así que podemos decir con toda confianza: «El Señor es quien me ayuda; no temeré. ¿Qué me puede hacer un simple mortal?».

Hebreos 13:6

El optimismo es la fe que alcanza logros.
No hay nada que pueda hacerse
sin esperanza y confianza.
Helen Keller

ORGANIZADA

Mujer ejemplar, ¿dónde se hallará? Es más valiosa que las piedras preciosas! [...] Se levanta de madrugada, da de comer a su familia y asigna tareas a sus criadas. Calcula el valor de un campo y lo compra; con sus ganancias planta un viñedo.

Proverbios 31:10, 15-16

Está atenta a la marcha de su hogar, y el pan que come no es fruto del ocio.

Proverbios 31:27

Los planes bien pensados: ¡pura ganancia! Los planes apresurados: ¡puro fracaso!

Proverbios 21:5

Hallan amor y verdad los que hacen el bien.

Proverbios 14:22

Pon en manos del Señor todas tus obras, y tus proyectos se cumplirán.

Proverbios 16:3

Fallar en planear,
es planear fallar deliberadamente.

Anónimo

PASAR POR ALTO LOS ERRORES

El odio es motivo de disensiones, pero el amor cubre todas las faltas.

Proverbios 10:12

Sean bondadosos y compasivos unos con otros, y perdónense mutuamente, así como Dios los perdonó a ustedes en Cristo.

Efesios 4:32

«Si perdonan a otros sus ofensas, también los perdonará a ustedes su Padre celestial. Pero si no perdonan a otros sus ofensas, tampoco su Padre les perdonará a ustedes las suyas».

Mateo 6:14-15

Sobre todo, ámense los unos a los otros profundamente, porque el amor cubre multitud de pecados.

1 Pedro 4:8

«No juzguen a nadie, para que nadie los juzgue a ustedes. Porque tal como juzguen se les juzgará, y con la medida que midan a otros, se les medirá a ustedes. ¿Por qué te fijas en la astilla que tiene tu hermano en el ojo, y no le das importancia a la viga que está en el tuyo?».

Mateo 7:1-3

Se toleren unos a otros y se perdonen si alguno tiene queja contra otro. Así como el Señor los perdonó, perdonen también ustedes.

Colosenses 3:13

Evaluamos a otros con justicia divina, pero queremos que los demás nos evalúen con compasión divina.

Sydney J. Harris

PENSAMIENTO CELESTIAL

En cambio, nosotros somos ciudadanos del cielo, de donde anhelamos recibir al Salvador, el Señor Jesucristo. Él transformará nuestro cuerpo miserable para que sea como su cuerpo glorioso, mediante el poder con que somete a sí mismo todas las cosas.

Filipenses 3:20-21

Siempre que oramos por ustedes, damos gracias a Dios, el Padre de nuestro Señor Jesucristo, pues hemos recibido noticias de su fe en Cristo Jesús y del amor que tienen por todos los santos a causa de la esperanza reservada para ustedes en el cielo. De esta esperanza ya han sabido por la palabra de verdad, que es el evangelio.

Colosenses 1:3-5

Pero, según su promesa, esperamos un cielo nuevo y una tierra nueva, en los que habite la justicia.

2 Pedro 3:13

Por su gran misericordia, nos ha hecho nacer de nuevo mediante la resurrección de Jesucristo, para que tengamos una esperanza viva y recibamos una herencia indestructible, incontaminada e inmarchitable. Tal herencia está reservada en el cielo para ustedes.

1 Pedro 1:3-4

«En el hogar de mi Padre hay muchas viviendas; si no fuera así, ya se lo habría dicho a ustedes. Voy a prepararles un lugar. Y si me voy y se lo preparo, vendré para llevármelos conmigo. Así ustedes estarán donde yo esté».

Juan 14:2-3

Nuestro destino es el hogar celestial junto a nuestro Padre. Es tan sencillo perder esto de vista durante el viaje y concentrarnos en los desvíos de la vida. Esta vida es tan sólo el viaje para llegar a casa.

Bob Snyder

PEREGRINA

Todos ellos vivieron por la fe [...] confesaron que eran extranjeros y peregrinos en la tierra. Al expresarse así, claramente dieron a entender que andaban en busca de una patria. Si hubieran estado pensando en aquella patria de donde habían emigrado, habrían tenido oportunidad de regresar a ella. Antes bien, anhelaban una patria mejor, es decir, la celestial. Por lo tanto, Dios no se avergonzó de ser llamado su Dios, y les preparó una ciudad.

Hebreos 11:13-16

Queridos hermanos, les ruego como a extranjeros y peregrinos en este mundo, que se aparten de los deseos pecaminosos que combaten contra la vida. Mantengan entre los incrédulos una conducta tan ejemplar que, aunque los acusen de hacer el mal, ellos observen las buenas obras de ustedes y glorifiquen a Dios en el día de la salvación.

1 Pedro 2:11-12

En cambio, nosotros somos ciudadanos del cielo, de donde anhelamos recibir al Salvador, el Señor Jesucristo. Él transformará nuestro cuerpo miserable para que sea como su cuerpo glorioso, mediante el poder con que somete a sí mismo todas las cosas.

Filipenses 3:20-21

Por lo tanto, ustedes ya no son extraños ni extranjeros, sino conciudadanos de los santos y miembros de la familia de Dios.

Efesios 2:19

Al preguntarle a Sócrates qué tipo de habitante era, respondió: «Soy un ciudadano del mundo». Pero pregúntale a un cristiano qué tipo de habitante es y responderá: «Soy un ciudadano del cielo».

William Secker

RADIANTE

Convertiste mi lamento en danza; me quitaste la ropa de luto y me vestiste de fiesta, para que te cante y te glorifique, y no me quede callado.

Salmo 30:11-12

[Moisés] no sabía que, por haberle hablado el SEÑOR, de su rostro salía un haz de luz.

Éxodo 34:29

Dichosos los que saben aclamarte, SEÑOR, y caminan a la luz de tu presencia [...] Porque tú eres su gloria y su poder; por tu buena voluntad aumentas nuestra fuerza.

Salmo 89:15, 17

Todos nosotros, que con el rostro descubierto reflejamos como en un espejo la gloria del Señor, somos transformados a su semejanza con más y más gloria por la acción del Señor, que es el Espíritu.

2 Corintios 3:18

La luz se esparce sobre los justos, y la alegría sobre los rectos de corazón.

Salmo 97:11

El resplandor de la belleza divina es totalmente inefable; las palabras no pueden describirlo ni el oído puede captarlo.

Philimon

REFLEXIVA

Tengo más discernimiento que todos mis maestros porque medito en tus estatutos.

Salmo 119:99

Reflexiona en lo que te digo, y el Señor te dará una mayor comprensión de todo esto.

2 Timoteo 2:7

Consideren a Jesús, apóstol y sumo sacerdote de la fe que profesamos.

Hebreos 3:1

A todo esto me dediqué de lleno, y en todo esto comprobé que los justos y los sabios, y sus obras, están en las manos de Dios.

Eclesiastés 9:1

Consideren bien todo lo verdadero, todo lo respetable, todo lo justo, todo lo puro, todo lo amable, todo lo digno de admiración, en fin, todo lo que sea excelente o merezca elogio.

Filipenses 4:8

Traigo a la memoria los tiempos de antaño: medito en todas tus proezas, considero las obras de tus manos.

Salmo 143:5

Si el Cristo crucificado estuviese de continuo en nuestra mente y corazón, aprenderíamos rápidamente todo lo que necesitamos.

Thomas á Kempis

REGOCIJO

Ese día se ofrecieron muchos sacrificios y hubo fiesta, porque Dios los llenó de alegría.

Nehemías 12:43

Que se alegren todos los que en ti buscan refugio; ¡que canten siempre jubilosos! Extiende tu protección, y que en ti se regocijen todos los que aman tu nombre. Porque tú, Señor, bendices a los justos; cual escudo los rodeas con tu buena voluntad.

Salmo 5:11-12

Alégrense de tener parte en los sufrimientos de Cristo, para que también sea inmensa su alegría cuando se revele la gloria de Cristo.

1 Pedro 4:13

«Alégrense y llénense de júbilo, porque les espera una gran recompensa en el cielo».

Mateo 5:12

Que se regocijen en el SEÑOR los justos; que busquen refugio en él; ¡que lo alaben todos los de recto corazón!

Salmo 64:10

Yo confío en tu gran amor; mi corazón se alegra en tu salvación. Canto salmos al SEÑOR. ¡El SEÑOR ha sido bueno conmigo!

Salmo 13:5-6

Tu vida y este día son un regalo de Dios para ti. Por lo tanto, ¡se agradecida y regocíjate siempre!

Jim Beggs

RESPETUOSA

«Mi pacto con él era de vida y paz, y se las di; era también de temor, y él me temió, y mostró ante mí profunda reverencia».

Malaquías 2:5

Así que nosotros, que estamos recibiendo un reino inconmovible, seamos agradecidos. Inspirados por esta gratitud, adoremos a Dios como a él le agrada, con temor reverente.

Hebreos 12:28

Ámense los unos a los otros con amor fraternal, respetándose y honrándose mutuamente.

Romanos 12:10

En todo traten ustedes a los demás tal y como quieren que ellos los traten a ustedes.

Mateo 7:12

«Ponte de pie en presencia de los mayores. Respeta a los ancianos. Teme a tu Dios. Yo soy el Señor».

Levítico 19:32

La mujer bondadosa se gana el respeto.

Proverbios 11:16

Sin respeto, el amor no puede crecer ni llegar demasiado lejos; es como un ángel con una sola ala.

Alejandro Dumas

RESPONSABLE

Tenemos dones diferentes, según la gracia que se nos ha dado [...] Si es el de dirigir, que dirija con esmero.

Romanos 12:6, 8

Obedezcan a sus dirigentes y sométanse a ellos, pues cuidan de ustedes como quienes tienen que rendir cuentas. Obedézcanlos a fin de que ellos cumplan su tarea con alegría y sin quejarse, pues el quejarse no les trae ningún provecho.

Hebreos 13:17

A todo el que tiene, se le dará más, y tendrá en abundancia.

Mateo 25:29

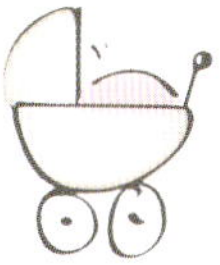

La mujer sabia edifica su casa; la necia, con sus manos la destruye.

Proverbios 14:1

Lo entronizaste sobre la obra de tus manos, todo lo sometiste a su dominio.

Salmo 8:6

El carácter, la predisposición de aceptar la responsabilidad por la propia vida, es la fuente de la que mana el amor propio.

Joan Didion

RICA

¿No ha escogido Dios a los que son pobres según el mundo para que sean ricos en la fe y hereden el reino que prometió a quienes lo aman?

Santiago 2:5

Dichoso el que teme al Señor, el que halla gran deleite en sus mandamientos [...] En su casa habrá abundantes riquezas, y para siempre permanecerá su justicia.

Salmo 112:1, 3

El hombre fiel recibirá muchas bendiciones; el que tiene prisa por enriquecerse no quedará impune.

Proverbios 28:20

Ustedes serán enriquecidos en todo sentido para que en toda ocasión puedan ser generosos, y para que por medio de nosotros la generosidad de ustedes resulte en acciones de gracias a Dios.

2 Corintios 9:11

Ustedes son linaje escogido, real sacerdocio, nación santa, pueblo que pertenece a Dios, para que proclamen las obras maravillosas de aquel que los llamó de las tinieblas a su luz admirable.

1 Pedro 2:9

¿Qué es el hombre, para que en él pienses? ¿Qué es el ser humano, para que lo tomes en cuenta? Pues lo hiciste poco menos que un dios, y lo coronaste de gloria y de honra.

Salmo 8:4-5

Dios tiene más entusiasmo en concedernos sus bendiciones del que tenemos nosotros en recibirlas.

Agustín de Hipona

RIQUEZA

Recuerda al Señor tu Dios, porque es él quien te da el poder para producir esa riqueza; así ha confirmado hoy el pacto que bajo juramento hizo con tus antepasados.

Deuteronomio 8:18

«No acumulen para sí tesoros en la tierra, donde la polilla y el óxido destruyen, y donde los ladrones se meten a robar. Más bien, acumulen para sí tesoros en el cielo, donde ni la polilla ni el óxido carcomen, ni los ladrones se meten a robar».

Mateo 6:19-20

El Señor protege la vida de los íntegros, y su herencia perdura por siempre. En tiempos difíciles serán prosperados; en épocas de hambre tendrán abundancia.

Salmo 37:18-19

Honra al SEÑOR con tus riquezas y con los primeros frutos de tus cosechas. Así tus graneros se llenarán a reventar y tus bodegas rebosarán de vino nuevo.

Proverbios 3:9-10

A los ricos de este mundo, mándales que no sean arrogantes ni pongan su esperanza en las riquezas, que son tan inseguras, sino en Dios, que nos provee de todo en abundancia para que lo disfrutemos.

1 Timoteo 6:17

La vida genera vida.
La energía produce energía.
Es desgastándose como una se enriquece.

Sarah Bernhardt

ROMÁNTICA

El hombre deja a su padre y a su madre, y se une a su mujer, y los dos se funden en un solo ser.

Génesis 2:24

«Mi amado es mío, y yo soy suya; él apacienta su rebaño entre azucenas. Antes de que el día despunte y se desvanezcan las sombras, regresa a mí, amado mío. Corre como un venado, como un cervatillo por colinas escarpadas».

Cantares 2:16-17

Esposas, sométanse a sus esposos, como conviene en el Señor. Esposos, amen a sus esposas y no sean duros con ellas.

Colosenses 3:18-19

Quien halla esposa halla la felicidad: muestras de su favor le ha dado el SEÑOR.

Proverbios 18:22

Como llama divina es el fuego ardiente del amor. Ni las muchas aguas pueden apagarlo, ni los ríos pueden extinguirlo. Si alguien ofreciera todas sus riquezas a cambio del amor, sólo conseguiría el desprecio.

Cantares 8:6-7

Un buen matrimonio es como un excelente fondo de retiro. Pones en él todo lo que tienes durante tu vida productiva, y a lo largo de los años se convierte de plata a oro, y de oro a platino.

Willard Scott

SABIDURÍA

Pido que el Dios de nuestro Señor Jesucristo, el Padre glorioso, les dé el Espíritu de sabiduría y de revelación, para que lo conozcan mejor.

Efesios 1:17

Si a alguno de ustedes le falta sabiduría, pídasela a Dios, y él se la dará.

Santiago 1:5

Así de dulce sea la sabiduría a tu alma; si das con ella, tendrás buen futuro; tendrás una esperanza que no será destruida.

Proverbios 24:14

Dios da sabiduría, conocimientos y alegría a quien es de su agrado.

Eclesiastés 2:26

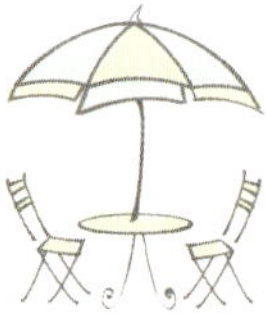

Buena es la sabiduría sumada a la heredad, y provechosa para los que viven. Puedes ponerte a la sombra de la sabiduría o a la sombra del dinero, pero la sabiduría tiene la ventaja de dar vida a quien la posee.

Eclesiastés 7:11-12

«Yo mismo les daré tal elocuencia y sabiduría para responder, que ningún adversario podrá resistirles ni contradecirles».

Lucas 21:15

El Señor disciplina a los que ama, como corrige un padre a su hijo querido.

Proverbios 3:12

Haz que la sabiduría sea tu provisión para el viaje de la juventud a la vejez; ya que es el sustento más seguro que cualquier otra posesión.

Laercio

SANTA

Más bien, sean ustedes santos en todo lo que hagan, como también es santo quien los llamó; pues está escrito: «Sean santos, porque yo soy santo».

1 Pedro 1:15-16

Busquen la paz con todos, y la santidad, sin la cual nadie verá al Señor.

Hebreos 12:14

Dios nos escogió en él antes de la creación del mundo, para que seamos santos y sin mancha delante de él.

Efesios 1:4

Por lo tanto, hermanos, tomando en cuenta la misericordia de Dios, les ruego que cada uno de ustedes, en adoración espiritual, ofrezca su cuerpo como sacrificio vivo, santo y agradable a Dios.

Romanos 12:1

Pero ya han sido lavados, ya han sido santificados, ya han sido justificados en el nombre del Señor Jesucristo y por el Espíritu de nuestro Dios.

1 Corintios 6:11

Una vida santa producirá el impacto más grande. Los faros no sirven para tocar bocina, sólo iluminan.

Dwight L. Moody

SEDIENTA DE DIOS

¡Cuánto amo yo tu ley! Todo el día medito en ella. ¡Cuán dulces son a mi paladar tus palabras! ¡Son más dulces que la miel a mi boca!

Salmo 119:97, 103

Bueno es el SEÑOR con quienes en él confían, con todos los que lo buscan.

Lamentaciones 3:25

«Pidan, y se les dará; busquen, y encontrarán; llamen, y se les abrirá. Porque todo el que pide, recibe; el que busca, encuentra; y al que llama, se le abre».

Mateo 7:7-8

¡Él apaga la sed del sediento, y sacia con lo mejor al hambriento!

Salmo 107:9

Pero si desde allí buscas al Señor tu Dios con todo tu corazón y con toda tu alma, lo encontrarás.

Deuteronomio 4:29

Llamaste, gritaste, rompiste mi sordera;
brillaste, ardiste, ahuyentaste mi ceguera;
esparciste tu fragancia, y recuperé mi aliento,
y respiro por ti.

Augustín de Hipona

SENSATA

«Te daré un corazón sabio y prudente, como nadie antes de ti lo ha tenido ni lo tendrá después».

1 Reyes 3:12

El comienzo de la sabiduría es el temor del SEÑOR; conocer al Santo es tener discernimiento.

Proverbios 9:10

Al de carácter firme lo guardarás en perfecta paz, porque en ti confía.

Isaías 26:3

El que adquiere cordura a sí mismo se ama, y el que retiene el discernimiento prospera.

Proverbios 19:8

El que es paciente muestra gran discernimiento; el que es agresivo muestra mucha insensatez.

Proverbios 14:29

La necedad del hombre le hace perder el rumbo, y para colmo se irrita contra el SEÑOR.

Proverbios 19:3

Si usas tu razonamiento, eres como quien ingiere alimento sólido; pero si te mueves conforme a la satisfacción de tu voluntad, eres como quien engulle fruto insípido.

Juan de la Cruz

TALENTOSA

Tenemos dones diferentes, según la gracia que se nos ha dado. Si el don de alguien es el de profecía, que lo use en proporción con su fe; si es el de prestar un servicio, que lo preste; si es el de enseñar, que enseñe; si es el de animar a otros, que los anime; si es el de socorrer a los necesitados, que dé con generosidad; si es el de dirigir, que dirija con esmero; si es el de mostrar compasión, que lo haga con alegría.

Romanos 12:6-8

A cada uno se le da una manifestación especial del Espíritu para el bien de los demás.

1 Corintios 12:7

Por eso ustedes, ya que tanto ambicionan dones espirituales, procuren que éstos abunden para la edificación de la iglesia.

1 Corintios 14:12

Cada uno ponga al servicio de los demás el don que haya recibido, administrando fielmente la gracia de Dios en sus diversas formas. El que habla, hágalo como quien expresa las palabras mismas de Dios; el que presta algún servicio, hágalo como quien tiene el poder de Dios. Así Dios será en todo alabado por medio de Jesucristo, a quien sea la gloria y el poder por los siglos de los siglos.

1 Pedro 4:10-11

Alabado sea Dios, Padre de nuestro Señor Jesucristo, que nos ha bendecido en las regiones celestiales con toda bendición espiritual en Cristo.

Efesios 1:3

Tu talento es un regalo de Dios para ti.
Lo que hagas con él es tu regalo para Dios.

Leo Buscaglia

TESORO

Si ahora ustedes me son del todo obedientes, y cumplen mi pacto, serán mi propiedad exclusiva entre todas las naciones.

Éxodo 19:5

«El día que yo actúe ellos serán mi propiedad exclusiva —dice el Señor Todopoderoso—. Tendré compasión de ellos, como se compadece un hombre del hijo que le sirve».

Malaquías 3:17

Tú creaste mis entrañas; me formaste en el vientre de mi madre. ¡Te alabo porque soy una creación admirable! ¡Tus obras son maravillosas, y esto lo sé muy bien!

Salmo 139:13-14

Hoy mismo el Señor ha declarado que tú eres su pueblo, su posesión preciosa, tal como lo prometió.

Deuteronomio 26:18

«No temas, que yo te he redimido; te he llamado por tu nombre; tú eres mío [...] Porque te amo y eres ante mis ojos precioso y digno de honra».

Isaías 43:1, 4

«Y ¡yo no te olvidaré! [...] Grabada te llevo en las palmas de mis manos».

Isaías 49:15-16

Dios hizo único a cada uno de nosotros,
y hay un misterio y una belleza vastos
en derredor del alma humana.

Alan Loy McGinnis

TESTIGO

Somos embajadores de Cristo, como si Dios los exhortara a ustedes por medio de nosotros: «En nombre de Cristo les rogamos que se reconcilien con Dios».

2 Corintios 5:20

Jesús se acercó entonces a ellos y les dijo:
—Se me ha dado toda autoridad en el cielo y en la tierra. Por tanto, vayan y hagan discípulos de todas las naciones, bautizándolos en el nombre del Padre y del Hijo y del Espíritu Santo, enseñándoles a obedecer todo lo que les he mandado a ustedes.

Mateo 28:18-20

«Les aseguro que a cualquiera que me reconozca delante de la gente, también el Hijo del hombre lo reconocerá delante de los ángeles de Dios».

Lucas 12:8

Entonces oí la voz del Señor que decía: —¿A quién enviaré? ¿Quién irá por nosotros? Y respondí: —Aquí estoy. ¡Envíame a mí!

Isaías 6:8

¿Cómo invocarán a aquel en quien no han creído? ¿Y cómo creerán en aquel de quien no han oído? ¿Y cómo oirán si no hay quien les predique? ¿Y quién predicará sin ser enviado? Así está escrito: «¡Qué hermoso es recibir al mensajero que trae buenas nuevas!».

Romanos 10:14-15

Si quieres hacer una diferencia en el mundo,
deja que Jesús haga la diferencia en ti.

Anónimo

TOLERANTE

El amor es paciente, es bondadoso.

1 Corintios 13:4

La respuesta amable calma el enojo, pero la agresiva echa leña al fuego.

Proverbios 15:1

Dichosos los compasivos, porque serán tratados con compasión.

Mateo 5:7

No devuelvan mal por mal ni insulto por insulto; más bien, bendigan, porque para esto fueron llamados, para heredar una bendición.

1 Pedro 3:9

Hablen y pórtense como quienes han de ser juzgados por la ley que nos da libertad, porque habrá un juicio sin compasión para el que actúe sin compasión. ¡La compasión triunfa en el juicio!

Santiago 2:12-13

Refrena tu enojo, abandona la ira; no te irrites, pues esto conduce al mal.

Salmo 37:8

La tolerancia consiste en ver ciertas cosas con tu corazón y no con tus ojos.

Orlando A. Battista

TRABAJO

Pon en manos del Señor todas tus obras, y tus proyectos se cumplirán.

Proverbios 16:3

Hagan lo que hagan, trabajen de buena gana, como para el Señor y no como para nadie en este mundo.

Colosenses 3:23

Todo esfuerzo tiene su recompensa, pero quedarse solo en palabras lleva a la pobreza.

Proverbios 14:23

El de manos diligentes gobernará.

Proverbios 12:24

Manténganse firmes e inconmovibles, progresando siempre en la obra del Señor, conscientes de que su trabajo en el Señor no es en vano.

1 Corintios 15:58

Siempre damos gracias a Dios por todos ustedes cuando los mencionamos en nuestras oraciones. Los recordamos constantemente delante de nuestro Dios y Padre a causa de la obra realizada por su fe, el trabajo motivado por su amor, y la constancia sostenida por su esperanza en nuestro Señor Jesucristo.

1 Tesalonicenses 1:2-3

Es bueno soñar, pero mejor aún es soñar y trabajar. La fe es poderosa, pero acción y fe juntas son más poderosas. Desear ayuda, pero trabajo y deseo son invencibles.

Thomas Robert Gain

TRIUNFANTE

Porque el SEÑOR tu Dios está contigo; él peleará en favor tuyo y te dará la victoria sobre tus enemigos.

Deuteronomio 20:4

Tú me cubres con el escudo de tu salvación; tu bondad me ha hecho prosperar.

2 Samuel 22:36

¡Pero gracias a Dios, que nos da la victoria por medio de nuestro Señor Jesucristo!

1 Corintios 15:57

Porque todo el que ha nacido de Dios vence al mundo. Ésta es la victoria que vence al mundo: nuestra fe.

1 Juan 5:4

Él reserva su ayuda para la gente íntegra y protege a los de conducta intachable. Él cuida el sendero de los justos y protege el camino de sus fieles.

Proverbios 2:7-8

«Yo les he dicho estas cosas para que en mí hallen paz. En este mundo afrontarán aflicciones, pero ¡anímense! Yo he vencido al mundo».

Juan 16:33

Una persona junto a Dios es siempre mayoría.

John Knox

VALIENTE

Así que no temas, porque yo estoy contigo; no te angusties, porque yo soy tu Dios. Te fortaleceré y te ayudaré; te sostendré con mi diestra victoriosa.

Isaías 41:10

¡Sé fuerte y valiente! ¡No tengas miedo ni te desanimes! Porque el Señor tu Dios te acompañará dondequiera que vayas.

Josué 1:9

Encomienda al Señor tu camino; confía en él, y él actuará.

Salmo 37:5

El Señor es mi luz y mi salvación; ¿a quién temeré? El Señor es el baluarte de mi vida; ¿quién podrá amedrentarme?

Salmo 27:1

Cuando salgas a pelear contra tus enemigos [...] no les temas, porque el SEÑOR tu Dios [...] estará contigo.

Deuteronomio 20:1

El valor no es la ausencia del temor, sino considerar que algo es más importante que el temor.

Ambrose Redmoon

VENCEDORA

Nos regocijamos en la esperanza de alcanzar la gloria de Dios. Y no sólo en esto, sino también en nuestros sufrimientos, porque sabemos que el sufrimiento produce perseverancia; la perseverancia, entereza de carácter; la entereza de carácter, esperanza.

Romanos 5:2-4

Esfuércense por añadir a su fe, virtud, a su virtud, entendimiento; al entendimiento, dominio propio; al dominio propio, constancia; a la constancia, devoción a Dios.

2 Pedro 1: 5, 6

Al que salga vencedor le daré derecho a comer del árbol de la vida, que está en el paraíso de Dios.

Apocalipsis 2:7

Todo el que ha nacido de Dios vence al mundo. Ésta es la victoria que vence al mundo: nuestra fe.

1 Juan 5:4

El que salga vencedor se vestirá de blanco. Jamás borraré su nombre del libro de la vida, sino que reconoceré su nombre delante de mi Padre y delante de sus ángeles.

Apocalipsis 3:5

No te dejes vencer por el mal; al contrario vence el mal conel bien.

Romanos 12:21

En Cristo somos vencedores.

VENCER

Sigo avanzando hacia la meta para ganar el premio que Dios ofrece mediante su llamamiento celestial en Cristo Jesús.

Filipenses 3:14

¿No saben que en una carrera todos los corredores compiten, pero sólo uno obtiene el premio? Corran, pues, de tal modo que lo obtengan. […] Así que yo no corro como quien no tiene meta; no lucho como quien da golpes al aire. Más bien, golpeo mi cuerpo y lo domino, no sea que, después de haber predicado a otros, yo mismo quede descalificado.

1 Corintios 9:24, 26-27

Sin embargo, en todo esto somos más que vencedores por medio de aquel que nos amó.

Romanos 8:37

¡Pero gracias a Dios, que nos da la victoria por medio de nuestro Señor Jesucristo!

1 Corintios 15:57

Todo el que ha nacido de Dios vence al mundo. Ésta es la victoria que vence al mundo: nuestra fe.

1 Juan 5:4

Tenemos toda la eternidad para hablar sobre las victorias ganadas por Cristo, pero sólo tenemos unas pocas horas antes del atardecer para ganarlas.

Jonathan Goforth

VIVIR EN ARMONÍA

Vivan en armonía los unos con los otros. No sean arrogantes, sino háganse solidarios con los humildes. No se crean los únicos que saben. Si es posible, y en cuanto dependa de ustedes, vivan en paz con todos.

Romanos 12:16, 18

En fin, vivan en armonía los unos con los otros; compartan penas y alegrías, practiquen el amor fraternal, sean compasivos y humildes. No devuelvan mal por mal ni insulto por insulto; más bien, bendigan, porque para esto fueron llamados, para heredar una bendición.

1 Pedro 3:8-9

Que el Dios que infunde aliento y perseverancia les conceda vivir juntos en armonía, conforme al ejemplo de Cristo Jesús.

Romanos 15:5

¡Cuán bueno y cuán agradable es que los hermanos convivan en armonía!

Salmo 133:1

«Permite que alcancen la perfección en la unidad, y así el mundo reconozca que tú me enviaste y que los has amado a ellos tal como me has amado a mí».

Juan 17:23

Disminuye la fricción y crea armonía. Puedes generar fricción sin esfuerzo, pero la armonía implica valor y auto-control.

Elbert Hubbard

Nos agradaría recibir noticias suyas.
Por favor, envíe sus comentarios sobre este libro
a la dirección que aparece a continuación.
Muchas gracias.

Editorial Vida®
.com

Vida@zondervan.com
www.editorialvida.com